Shaun das Schaf™

# Feng Shaun

## Harmonie und innerer Friede mit Shaun dem Schaf

KOMET

Du bist ein Teil des Universums
und wie Hügel, Berge, Täler und Bäche
wirst Du von den Wechselwirkungen
der Natur bestimmt.
Mit der 3500 Jahre alten Lehre
des „Feng Shaun“ kannst Du
Deine Umwelt so gestalten, dass Du
ein Leben in Harmonie führst.

Die Position des Schlafenden im Bett ist wichtig. Vor allem sollte er nicht mit den Füßen zur Tür schlafen.

Helles, aber weiches Licht einer blendfreien Lichtquelle ist für die Küche unerlässlich.

Unordnung stört das Chi. Gerümpel und unnötig viel Möbel in der Wohnung bewirken, dass das Chi sich staut und verwirbelt.

Ebenfalls beruhigend wirkt, wenn das Zimmer nicht mit Möbeln vollgestopft ist. Aufgeräumte, sparsam möblierte Zimmer sind ein besserer Lebensraum als chaotische Trödellager.

Das Element Erde steht für Bodenständigkeit und Sicherheit. Während sich alle anderen in Bewegung befinden, ist diese Mitte fest und in sich ruhend.

Sitzplätze sollten immer so angeordnet sein, dass man mit dem Rücken zur Wand sitzt – nicht nur im Arbeitszimmer. Man fühlt sich sicher, wenn man den ganzen Raum überblickt.

Grünzeug ist die beste Nahrung
für Körper und Seele.

Versuche bei Stress
Überreaktionen zu vermeiden.

FARM

Das verrinnende Wasser in einer defekten Spülung, ein tropfender Wasserhahn oder ein offener Klodeckel symbolisieren den Verlust in jeder Form. Nach der Lehre des „Feng Shaun" verlierst Du so Geld, Liebe, Beziehungen oder Gesundheit.

Auch in der Küche sollte Ordnung herrschen. Verschmutztes Geschirr, Küchenabfälle und benutzte Teller stören den Energiefluss.

Der Weg zu einem Haus sollte in geschwungenen Formen verlaufen. Lässt sich die gerade Form nicht verändern, so kann sie durch Pflanzen oder Dekorationselemente gebrochen und harmonisiert werden.

Alles befindet sich in einem ständigen Zyklus von Werden und Vergehen. Die Energie Chi fließt von einem Element zum anderen.

Dinge, die man weder benutzt
noch mag, blockieren die Energie
in Deinem Zimmer. Trenne Dich von
Gerümpel – sonst hast Du das Gefühl,
Dein Leben würde stillstehen.

Steile Treppen machen das Leben mühsam, besonders im Alter. Sie sollten schon während der Planungsphase vermieden werden.

Wer nicht auf das Kleine achtet,
scheitert am Großen.

Große, kantige Gegenstände
in dunklen Farben
verhindern den Energiefluss.

Die Eingangstür des Hauses sollte sich nach innen öffnen, und auch im Eingangsbereich sollten sich dem einströmenden Chi keine Hindernisse entgegenstellen.

Ehe Du anfängst, die Welt zu verändern, gehe dreimal durch Dein eigenes Haus.

Lange Gänge und Flure
erzeugen Unruhe.

Falsche Farben verhindern einen erholsamen Schlaf. Schlaffördernd wirken hingegen Pastelltöne in zartem Bleu, Apricot, Grün oder Gelb.

Wenn Du alles loswirst, was keine Bedeutung für Dich hat, fühlst Du Dich körperlich und geistig leichter.

Die Eingangstür sollte die Farbe
der Himmelsrichtung tragen.
Die Tür, die nach Osten weist, könnte
grün, blau oder schwarz sein,
während sich ein Westportal am
besten weiß oder gelb präsentiert.

www.komet-verlag.de
Gestaltung: hassinger & hassinger & spiler, visuelle konzepte
Gesamtherstellung: KOMET Verlag GmbH, Köln
ISBN 978-3-86941-023-4